글·그림 맥 판 하크동크
네덜란드의 그래픽 디자이너이자 삽화가로, 헤이그에 있는 왕립예술학교에서 공부했습니다. 학교를 다닐 때부터 동물들, 특히 펭귄과 고래를 소재로 재미있으면서도 교육적인 만화들을 제작했습니다. 현재 작가는 로테르담에 있는 블라이도르프 동물원의 삽화가로 일하고 있으며, 어린이들을 위한 책을 여러 권 출판했습니다. 그의 책에서는 주요 인물로 동물이 자주 등장합니다.

옮김 한도인
영문학자이자 대학교수입니다. 성균관대학교에서 셰익스피어에 관한 연구로 박사 학위를 받았고, 현재 단국대학교 교양학부에서 영어를 가르치고 있습니다. 매년 영어와 영문학 전반, 특히 셰익스피어에 관한 연구 논문을 발표하는 한편, 틈틈이 연극 감상평을 쓰기도 하고 학술 번역은 물론 아동 청소년 소설 번역도 열심히 하고 있습니다. 어린 시절을 작은 시골에서 보낸 기억을 어젯밤 꿈처럼 마음속 한켠에 두고 있는 옮긴이는 글쓰기와 그림 그리기를 좋아해서 언젠가는 그 기억을 글과 그림으로 풀어내고 싶어합니다. 그동안《초록빛 도시를 만든 에코 생쥐 삼형제》,《레오나르도 다빈치의 마지막 노트》등 아동 청소년 소설을 번역했습니다.

사라진 공룡들

초판 1쇄 펴낸날 2020년 9월 5일
초판 3쇄 펴낸날 2024년 2월 5일

지은이·그린이 맥 판 하크동크 | 옮긴이 한도인 | 펴낸이 양승윤
펴낸곳 (주)와이엘씨 | 출판등록 1987년 12월 8일 제1987-000005호
주소 서울특별시 강남구 강남대로 354 혜천빌딩 15층
전화 02-555-3200 | 팩스 02-552-0436 | 홈페이지 www.aladinbook.co.kr

값 13,000원
ISBN 978-89-8401-482-4 74400 | 978-89-8401-480-0 (세트)

Wow! Dino's. Het raadsel van de reuzen
by Mack van Gageldonk / First published in Belgium and the Netherlands
by Clavis Uitgeverij, Hasselt - Alkmaar - New York, 2018
© 2018 Clavis Uitgeverij, Hasselt - Alkmaar - New York.

All rights reserved.
Korean translation Copyright © 2020 YLC Inc.
Arranged through Icarias Agency, Seoul

이 책의 한국어판 저작권은 Icarias Agency 를 통해 Clavis Uitgeverij 과 독점 계약한 (주)와이엘씨에 있습니다.
저작권법에 의하여 한국 내에서 보호를 받는 저작물이므로 무단전재와 복제를 금합니다.

알라딘 북스는 (주)와이엘씨의 어린이 책 출판 브랜드입니다.

공통안전기준
표시사항

① 품명 : 사라진 공룡들
② 제조자명 : 알라딘북스
③ 주소 : 서울 강남구 강남대로 354
④ 연락처 : 02-555-3200
⑤ 제조년월 : 2024년 2월
⑥ 제조국 : 대한민국
⑦ 사용연령 : 6세 이상
⑧ 취급상 주의사항
  • 종이에 베이지 않도록 하세요.
  • 책의 모서리가 날카로우니 던지거나 떨어뜨려 다치지 않도록 주의하세요.
⑨ KC마크는 이 제품이 공통안전기준에 적합하였음을 의미합니다.

수수께끼에 싸인 거대한 동물

사라진 공룡들

글·그림 **맥 판 하크동크** | 옮김 **한도인**

아주 오래전 지구에는 거대한 동물의 발소리가 울렸어요

수억만 년 전 지구는 지금과는 매우 달랐습니다. 공중에는 거대한 박쥐처럼 생긴 동물들이 날아다녔습니다. 바닷속에도 진짜 괴물같이 생긴 파충류●들이 헤엄쳐 다니고 있었지요. 그리고 육지에는 빌딩만큼이나 큰 동물들이 있었습니다. 그 동물들이 누구냐고요? 맞아요, 바로 공룡들입니다!

오늘날 우리는 어떻게 이 모든 사실을 알게 되었을까요? 오랜 세월 동안 지구 곳곳에 남아 있던 공룡의 척추와 다리뼈를 비롯한 뼈 조각들, 그리고 화석●●이 발견되었는데, 그것들은 과학자들이 공룡의 모습을 만들어 내기에 충분했습니다. 지금도 매일매일 공룡의 모습과 어떻게 살았는지 등을 알 수 있는 정보가 발견되고 있습니다. 그러니 아마 과학자들은 앞으로 공룡이라는 거대 동물의 수수께끼를 점점 더 많이 풀어 낼 수 있을 겁니다.

그런데 지금까지 알아낸 정보를 한꺼번에 다 모아 본다면, 지구에는 아마 수천 종의 공룡이 있었을 겁니다. 이 책에서는 그중에서도 가장 신기하고 놀라운 공룡들을 여러분에게 소개하려고 합니다. 거대 동물이 살던 시대, 공룡의 시대로 함께 여행할 여러분을 진심으로 환영합니다!

● 척추동물 중 몸이 가죽질의 비늘로 덮인 동물 무리로, 폐로 호흡하고 체온이 주위 환경에 따라 변하며, 알을 낳아 번식해요. 뱀, 도마뱀, 거북 등이 있어요.
●● 지질 시대(지구가 이루어진 이후부터 역사 시대 이전까지의 시대. 지층 속에 있는 동물의 화석을 기초로 하여 시대 구분을 해요.)에 생존한 동식물의 유골과 활동 흔적 따위가 퇴적물 중에 묻힌 채로 또는 지상에 그대로 보존되어 남아 있는 것을 통틀어 이르는 말. 생물의 진화, 그 시대의 지표 상태를 아는 데 큰 도움이 돼요.

나는 공룡보다 먼저 여기 살았어요

공룡은 수억만 년 전에 살았습니다. 하지만 공룡이 어느 날 갑자기 나타난 것은 아닙니다. 공룡이 살기 이전에도 지구에는 땅 위를 걸어 다니고 물 속을 헤엄쳐 다니던 다른 동물이 있었지요. 시작은 아주 많은 작은 동물들이었습니다. 바다에서는, 이 작은 동물들이 물고기가 되었습니다. 호기심 많은 물고기가 해안가를 다니다가 모래사장에 올라와서는 육지를 발견했겠지요. 그렇게 해서 지구의 모든 동물이 시작되었을 겁니다.

아주 오래 전, 육지에는 파충류가 살았습니다. 혹시 등에 부채 같은 것을 달고 있는 동물을 본 적 있나요? 오래 전 살았던 동물 중에도 그런 모습의 친구가 있었습니다. 바로 **디메트로돈**입니다. 디메트로돈은 등에 달린 부채로 다른 동물들을 겁을 주어 쫓아 버렸습니다. 조금은 공룡같이 보이기도 합니다만, 여러분이 보기엔 어떤가요? 하지만 아직 디메트로돈은 공룡이 아닙니다. 발은 보면 알 수 있는데, 디메트로돈은 발이 몸의 옆쪽에 붙어 있습니다. 공룡의 발은 바로 몸의 아래쪽에 있어요. 그래서 공룡은 똑바로 설 수 있었던 겁니다.

나는 많이 알려진 가장 오래된 생물 중 하나예요

공룡이 나타나기 이전에, 커다란 악어와 도롱뇽, 그리고 물고기들이 바다 속을 헤엄쳐 다녔습니다. 어떤 생물은 좀 괴기스럽게 보였지요. 하지만 위 그림에서 보는 것처럼 **암모나이트**는 사랑스럽습니다. 그렇지 않은가요? 암모나이트는 오늘날 오징어의 조상입니다. 이 친구들은 촉수●를 가지고 있을 뿐만 아니라 자기가 들어가 사는 나선형의 달팽이 집도 가지고 있습니다. 암모나이트는 처음에는 딱딱한 달팽이 집같이 생긴 가장 작은 방에서 살다가, 자신이 점점 크게 자라면서 좀 더 큰 방으로, 다시 좀 더 큰 방으로 계속해서 이사합니다. 이렇게 해서 나선형의 달팽이 집을 만들게 됩니다. 어떤 암모나이트는 몇 센티미터밖에 되지 않습니다. 하지만 이제까지 발견된 암모나이트 중에는 2미터가 넘는 것도 있습니다! 암모나이트 아래쪽을 보면, 뾰족하게 튀어나온 주둥이를 가진 **도리아스피스**가 보입니다. 이 물고기는 자신이 가장 좋아하는 먹잇감, 바로 바닷가재를 찾고 있을 겁니다.

● 하등 무척추동물의 몸 앞부분이나 입 주위에 있는 돌기 모양의 기관. 촉각, 미각 등의 감각 기관으로 다른 동물을 잡아먹는 기능을 가진 것도 있어요.

나는 공룡이 살기 전, 바다의 강도였어요

아직 육지에 단 한 마리의 공룡도 살기 전에 살았던 원시 물고기인 **던클리오스테우스**는 바다를 이리저리 헤엄쳐 다녔습니다. 던클리오스테우스는 길이가 10미터 이상이었지요. 그 당시 던클리오스테우스는 바다의 지배자였고 못 먹는 것이 없었습니다. 이 친구의 턱이 얼마나 강한가 하면 상어조차도 확 물게 되면 두 동강을 냈을 정도라고 합니다.

나는 고슴도치처럼 몸을 둥글게 말고 지냈어요

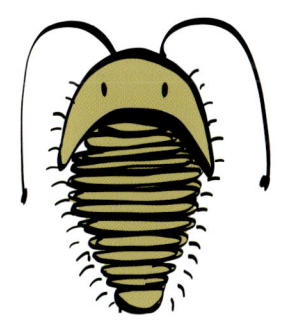

아주 오래 전 고생대●에는 바다에 많은 **삼엽충**들이 헤엄쳐 다니고 있었습니다. 삼엽충은 물쥐며느리와 친척이라고 할 수 있습니다. 삼엽충의 겉뼈대는 머리, 가슴, 꼬리의 세 부분으로 이루어져 있고 가슴은 여러 개의 마디로 이루어져 있습니다. 이 친구는 혹시 위협받는 상황이 되면, 몸을 둥글게 말아 적으로부터 몸을 지켰다고 해요. 마치 고슴도치처럼 말이지요! 삼엽충은 아주 작은 것부터 50센티미터가 넘는 것까지 다양한 크기였다고 해요. 수백만 년 동안 삼엽충은 물속에 사는 오래된 생물로 남아 있었습니다만, 공룡이 등장하기 바로 직전에 멸종하고 말았습니다.

● 지질 시대의 구분에서 원생대와 중생대 사이의 시기로, 지금부터 약 5억 7000만 년 전부터 2억 4000만 년 전까지를 말해요. 공룡이 살았던 중생대는 지금부터 2억 4500만 년 전부터 약 6,500만 년 전까지예요.

약 2억 6천만 년 전에 여러분이 살았다면, 아메리카 대륙의 습지에서 **디풀로카울루스**를 만났을 겁니다. 디풀로카울루스는 1미터 정도까지 자라는 양서류●로, 몸통은 도롱뇽을 닮았습니다. 이 동물은 삼각형 머리 모양이 특별합니다. 이 머리 모양 덕택에 해류를 거슬러 헤엄치는 것이 훨씬 쉬웠습니다. 특히 2미터나 자란 **전갈**에게서 달아나는 데 큰 도움이 되었다고 해요!

● 어류와 파충류의 중간으로, 땅 위 또는 물속에서 살아요.

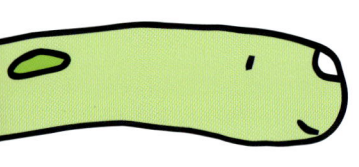

한때, 나는 육지 위에서 걸어 다니는 가장 큰 동물이었어요

공룡은 이제까지 존재했던 동물들 중에 가장 큰 동물입니다. 그런데 전부 다 그렇게 큰 것은 아니었습니다. 닭이나 토끼보다 더 크게 자라지 않는 공룡들도 있었거든요! 하지만 큰 공룡은 정말 어마어마하게 컸습니다. **사우로포다**를 예로 들어 볼게요. 사우로포다는 초식 또는 잡식성 공룡 무리입니다. 이 친구들은 가장 높은 나무에서도 가장 높이 달려 있는 잎들을 찾아다니며 먹었어요. 오늘날에는 기린들이 여전히 그렇게 하고 있지요. 한 가지 다른 점은, 기린도 그렇게 작은 동물이 아니지만 사우로포다는 기린보다 훨씬 더 크다는 사실입니다. 이 무리 중 하나인 **수퍼사우루스**는 기린 열 마리나 코끼리 몇 마리를 합친 크기였습니다. 이 친구들은 사우로포다 중에 가장 큰 종인데, 길이가 30미터에서 40미터까지 자랐습니다. 그러니 마치 다리 달린 빌딩처럼 보였을 거예요. 게다가 당연히 아주아주 무거웠습니다. 이 거대 동물은 4만 킬로그램 이상 무게가 나갔을 거예요. 그 정도면 한 무리의 거대한 코끼리 떼 무게만큼 무거운 거예요!

• 중생대 쥐라기에서 백악기에 번성한 파충류로 초식 또는 잡식성 공룡 무리. 몸길이 20~25m의 아파토사우루스, 27m의 디플로도쿠스, 25m의 브라키오사우루스 등이 있는데, 체격이 크고 목과 꼬리가 길어요.

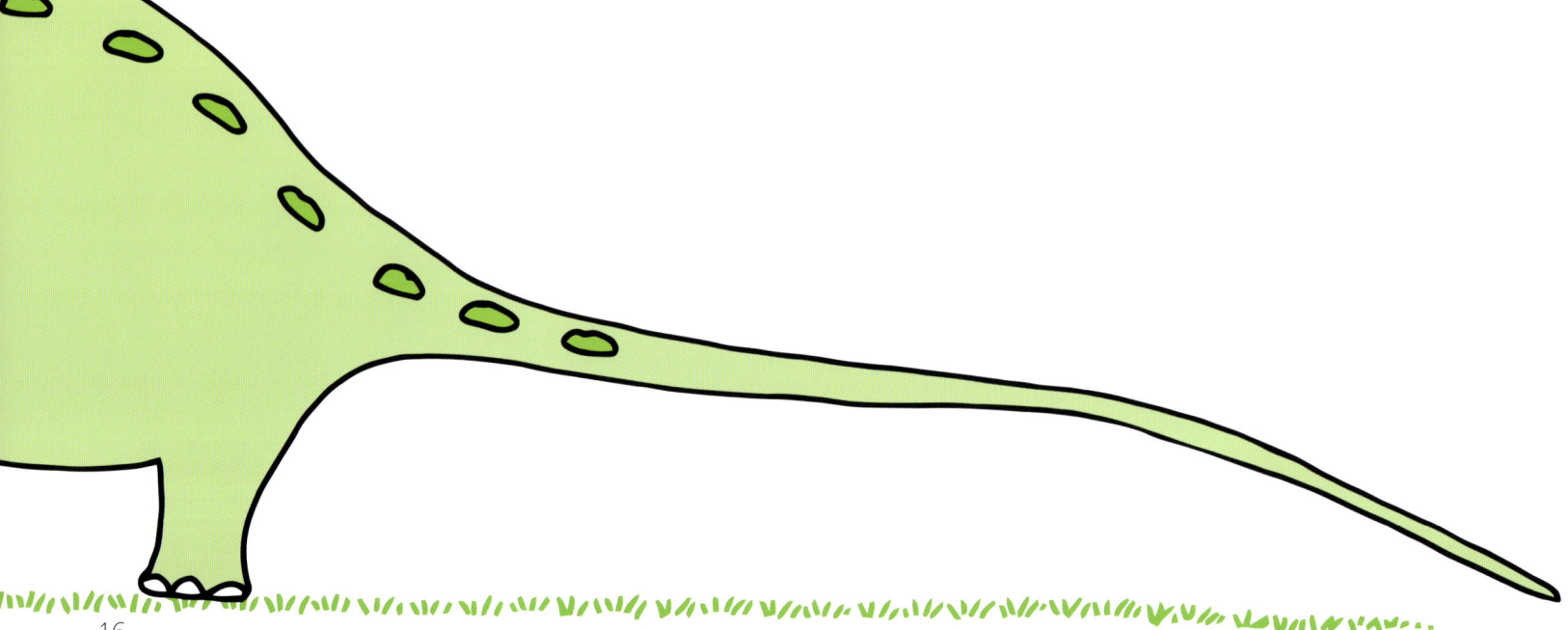

나는 긴 목을 가지고 있었죠

디플로도쿠스는 가장 유명한 공룡 중의 하나입니다. 이 예쁜 공룡은 이제까지 아주 많은 화석들이 발견되어 과학자들은 이 동물이 어떻게 생겼는지 짐작할 수 있게 되었습니다. 디플로도쿠스는 목이 길고 꼬리도 길지만 머리는 작고 몸집은 거대한 공룡입니다. 뇌가 있을 공간이 그다지 크지 않았기에 아마도 디플로도쿠스는 가장 똑똑한 공룡은 아니었을 겁니다.

그렇지만 디플로도쿠스의 이러한 몸의 구조는 먹이를 구하기에 아주 영리하게 발전한 것이기도 했습니다. 목이 길어서 아주 높은 곳에 있는 나뭇잎을 먹을 수 있었으므로 디플로도쿠스는 항상 충분한 식량을 가질 수 있었던 것이지요. 이쯤에서 여러분은 혹시 그렇게 긴 목은 무거울 것이고 그래서 오래 달리면 목이 다칠 것 같다고 생각할 수도 있습니다. 하지만 그렇지 않습니다. 디플로도쿠스의 뼈는 속이 비어 있습니다. 그래서 뼈는 강하면서도 무게가 그렇게 많이 나가지는 않았던 거지요. 바로 이 사소해 보이는 비밀 덕택에 디플로도쿠스는 머리를 앞뒤로 휙휙 자유롭게 움직이며 다녔어도 목이 아프지 않았을 겁니다.

나는 채찍 같은 꼬리를 가지고 있었어요

덩치가 커다란 공룡들은 포식자• 공룡에게는 아주 인기 있는 먹잇감이었습니다. 큰 공룡의 몸에는 살이 많아서 온 가족이 다 함께 배불리 먹을 수 있었기 때문이지요. 그래서 몸집이 큰 공룡들은 스스로 자신을 방어해야만 했습니다. **디플로도쿠스**는 채찍 같은 꼬리가 있어서 그렇게 할 수 있었지요. 이 친구는 위험한 동물들을 말 그대로 채찍을 휘둘러 쫓아 버렸습니다.

• 다른 동물을 먹이로 하는 동물.

나도 아기였을 땐 아주 작았어요

모든 공룡은 알에서 나옵니다. 그러니 아주 조그맣게 태어나서, 아주 빨리 자라야했지요. 몸집이 작은 종들은 단 몇 년이면 어른이 되었습니다. 하지만 커다란 몸집의 공룡들은 완전히 자라는 데에 좀 더 많은 시간이 걸렸습니다.

나는 아주 엄청 작은 공룡이었어요

아주 엄청나게 큰 공룡도 있지만 그 반대로 아주 작은 공룡들도 있었습니다. **콤프소그나투스**라는 공룡이 그중 하나입니다. 콤프소그나투스는 크기는 닭만 하고 무게는 칠면조 정도였습니다. 이 친구는 깃털이 있었을 수도 있고, 도롱뇽처럼 매끄러웠을 수도 있습니다. 확실한 사실은 이 친구가 몸집이 작았고 아주 빨리 걸었다는 점입니다. 굶주린 적들로부터 도망다녀야 했으니 그럴 수밖에 없었겠지요.

나는 뭐든지 한입에 해치웠어요

우리가 위험한 동물이라고 알고 있는 사자나 늑대, 그리고 호랑이도 공룡 시대에 살았던 가장 크고 가장 위험한 동물을 보았다면, 아마 꼬리를 내리고 슬그머니 도망쳤을 겁니다. 이 시대 가장 무섭고 위험한 공룡은 바로, **티라노사우루스 렉스**였습니다. '폭군 왕도마뱀'이라는 뜻으로 줄여서 **티렉스**라 불리지요.

티렉스는 키가 18미터나 되는 거대한 육식 동물이었습니다. 그 정도라면 집을 두세 채 합친 것과 같은 크기지요. 이 친구는 강력한 뒷다리로 빠르게 움직일 수 있었습니다. 티렉스의 가장 치명적인 무기는 바로 입이었습니다. 이빨이 단검만큼 크고 날카로운 데다 턱도 얼마나 크고 강한지, 아마 악어도 겁에 질려 무서워했을 겁니다. 티렉스는 가장 큰 초식 공룡들을 사냥했습니다. 커다란 먹잇감을 도망치지 못하게 이빨로 확실하게 물어뜯은 뒤 기운을 뺀 상태에서 먹어 치웠지요. 이보다 더 대단한 식사는 없을 거예요!

스피노사우루스의 입은 어른이 된 사람보다 훨씬 컸고, 적의 생명을 위협할 만한 이빨을 가지고 있었어요.

나는 눈에 보이는 것은 다 먹었어요

다코타랍토르는 티렉스보다 조금 더 작았지만, 위협적이기는 마찬가지였습니다. 다른 공룡들처럼 면도날 같은 날카로운 이빨을 가지고 있었지요. 게다가 이 친구는 또 다른 무기가 있었습니다. 바로 발톱이죠. 뒷다리 가운뎃발가락에 낫처럼 생긴 긴 발톱이 달려 있어 먹잇감이 도망가지 못하게 붙잡을 수 있었어요. 거기다 앞다리에 달린 발톱은 칼로 찌르듯이 먹잇감을 찌르면서 동시에 껍질을 찢을 수 있었다고 해요. 희생자에게는 살아남을 조금의 가능성도 없었죠. 게다가 다코타랍토르는 놀라울 정도로 똑똑했습니다. 무리를 지어서 사냥하면서 먹잇감을 잡기 위해 서로 협력하기도 했거든요. 물론 마무리는 다코타랍토르의 발톱이 했습니다.

나는 약간 무서웠지요

공룡 시대에서 가장 큰 녀석들 중 하나는 **마준가사우루스**였습니다. 커다란 머리에 날카로운 이빨이 있어서 언뜻 보기에도 친근해 보이지 않는데, 실제로도 그렇게 다정하지는 않았습니다. 사람보다 약 세 배 정도밖에 크지 않았지만, 마준가사우루스는 가장 큰 동물들을 사냥했습니다. 이 친구의 사냥 기술은 아주 원시적이었죠. 먹잇감이 기절할 때까지 계속 물어뜯는 겁니다. 진짜 공룡답지요!

나는 작지만 아주 위험했어요

트로오돈은 크기는 사람만 했습니다. 공룡뿐 아니라 다른 포식자들과 비교해도 훨씬 작았지요. 하지만 트로오돈은 아주 위험했습니다. 이 친구는 공룡 중에서 몸 크기에 비해 큰 뇌를 가지고 있어 똑똑했고 날렵한 몸과 긴 다리로 빠르게 이동할 수 있었다고 해요. 날카로운 발톱과 톱니 모양의 이빨을 가지고 무리 지어 다니는 트로오돈들은 오가는 길에 마주치게 되는 모든 공룡에게 아주 무서운 존재였습니다.

가장 위험스러운 공룡은 **기가노토사우루스**였어요. 기가노토사우루스는 지금의 남아메리카 지역에서 살았습니다. 그곳에는 아주 오래 전에 기가노토사우루스에게 죽임을 당했을 것 같은 거대한 공룡들의 화석이 아주 많이 남아 있어요. 기가노토사우루스는 대략 14미터 정도의 키에, 길고 날카로운 발톱과 흉악하게 생긴 입을 가지고 있었고 아주 빠르게 달릴 수 있었습니다. 마주치는 동물은 뭐든지 다 먹어 치웠지요. 티렉스도 이 친구 앞에서는 꼼짝을 못했을 정도로, 기가노토사우루스는 공룡 중에 가장 위험한 존재였습니다.

나는 탱크처럼 생겼어요

공룡들은 몸의 형태와 크기가 아주 다양했습니다. 크고, 작고, 날씬하고, 통통했어요. 또, 위험한 무기를 가지고 있었죠. **토로사우루스**라는 공룡은 머리 위에 거대한 두 개의 뿔을 가지고 있었지요. **트리세라톱스**는 이런 뿔이 세 개나 있었답니다.

그렇게 커다란 뿔 때문에 토로사우루스는 누구라도 한번 보면 기억에 남을 만한 모습이었어요. 그런데 뿔 외에도 뭔가가 더 있었어요. 이 친구의 커다란 머리에는 방패 모양의 띠가 둘러져 있었습니다. 무기와 방패가 있었으니, 토로사우루스는 로마의 원형 경기장에 있었던 검투사처럼 보였을 겁니다. 게다가 몸 길이가 8미터였다고 해요. 그러니 다른 공룡들이 이 친구를 방해할 생각도 못했을 건 당연하고, 특히 싸움을 걸어 볼 생각은 아예 못 했을 겁니다. 토로사우루스에게 덤빌 수 있었을 공룡은 무적의 강도 공룡인 티렉스와 거대한 기가노토사우루스뿐이었습니다. 하지만 토로사우루스와의 전투는 덩치가 더 큰 티렉스에게도 위험을 감수해야 하는 일이었습니다. 날카로운 뿔에 찔리면 큰 상처를 입을 수도 있었으니까요. 바로 그 이유 때문에 티렉스는 이 강한 동물을 멀찍이 내버려 두기로 했을 테고, 그 덕택에 토로사우루스는 항상 잘 먹었을 거예요. 부리같이 생긴 입으로 땅에서 뿌리를 뽑아 내고는 아무에게도 방해받지 않고 천천히 갉아먹었겠지요.

나는 꼬리에 가시가 있었죠

스테고사우루스는 특이한 외모 때문에 가장 많이 알려진 공룡입니다. 이 친구는 10미터 길이의 몸통 위로 커다란 판이 일렬로 나 있습니다. 나뭇잎같이 생긴 이 판은 큰 것은 너비가 60센티미터까지 되는 것도 있었다고 해요. 이 판을 통해 햇빛을 좀 더 많이 받을 수 있어서 몸을 따뜻하게 유지할 수 있었을 겁니다. 물론 다른 공룡들에게 아주 깊은 인상을 남기기도 했을 것이고요. 그뿐만 아니라 스테고사우루스는 조용한 초식 공룡이었지만 아주 큰 무기를 가지고 있었습니다. 꼬리에 뼈로 된 날카로운 가시가 네 개 있었는데, 어떤 것은 길이가 1미터나 되기도 했었죠. 스테고사우루스가 꼬리를 흔들어 대면 육식 공룡들조차 겁을 냈습니다.

아무도 나와 싸우려 하지 않았죠

가르고일레오사우루스는 몸길이가 3~4미터 정도로, 가장 큰 공룡은 아니었습니다. 하지만 등을 뒤덮은 두꺼운 갑옷 때문에 매우 특별해 보였지요! 이 친구의 가장 큰 무기는 몸통 옆에 달린 날카로운 돌기였습니다. 자신보다 큰 공룡들이 덤비면 납작 엎드려 갑옷으로 막았지요. 날카로운 돌기 부분을 물려고 했다면 이빨이 부러졌을 거예요!

나는 뭐든지 때려눕혔어요

안킬로사우루스도 몸통 위에 갑옷 같은 뼈가 있었는데, 그것보다는 머리에 있는 여러 개의 뿔 때문에 특별하게 보였습니다. 하지만 그것이 가장 위험한 무기는 아니었죠. 안킬로사우루스의 튼튼한 꼬리 끝에는 거대한 곤봉이 있었습니다. 그 곤봉으로 덤비는 적들을 때려눕혔습니다. 이 친구는 코끼리 두 마리를 합친 것만큼 몸집이 컸습니다. 그러니 안킬로사우루스의 한 방은 얼마나 강력했겠어요!

이 **파키케팔로사우루스**들은 혹머리 공룡이라고도 불렸습니다. 자세히 보면 머리 위에 헬멧을 쓴 것처럼 단단한 혹이 솟아 있습니다. 이 친구들의 머리뼈는 사람의 머리뼈보다 오십 배 더 두꺼워다고 해요. 그런데 이들이 머리를 들고 다닐 때는 그 위험한 티라노사우루스의 무릎과 같은 높이였습니다. 그러니 혹머리 공룡이 왜 그렇게 단단한 머리를 갖게 되었는지 바로 알아차릴 수 있겠죠. 바로 적에게 박치기 한 방을 날리기 위해서죠!

나는 역사상 가장 덩치 큰 날짐승이었어요

커다란 공룡들이 땅 위를 이리저리 돌아다니던 무렵에, 공중을 날아다니는 커다란 생명체도 있었습니다. 공룡처럼 보였는데, 사실은 날아다니는 파충류였지요. 대개 박쥐 같은 날개를 가지고 있는 경우가 많았습니다. 날아다니는 파충류 중에는 어떤 것은 여러분의 팔뚝만큼 작았지만, 좀 더 커다란 것들도 있었습니다. 이제까지 발견된 익룡• 중 가장 큰 것은 **케찰코아툴루스**입니다. 이 케찰코아툴루스의 날개는 11미터 이상까지 펼쳐졌습니다. 가장 커다란 새의 날개 폭과 비교하면 세 배나 되는 길이죠! 그래서 케찰코아툴루스는 날아다니는 동물 중 역사상 가장 몸집이 큰 동물이 되었습니다. 이 친구는 아주 강한 근육을 가지고 있어서 자신의 거대한 날개를 앞뒤로 움직일 수 있었지요. 입도 엄청나게 컸는데요, 여러분이 그 안에 들어가고도 남았을 겁니다. 케찰코아툴루스는 시력이 좋아 멀리 있는 먹이도 쉽게 발견했어요. 공룡과 파충류들을 먹었고, 물고기나 바닷가재, 조개도 먹었다고 해요.

• 중생대에 살던, 하늘을 나는 파충류.

나는 날기도 했지만 머리에 볏이 있었어요

프테라노돈은 가장 유명한 날아다니는 파충류였습니다. 이 친구들 대부분은 머리에 볏같이 생긴 것이 달려 있었는데, 머리 길이의 반을 차지할 만큼 길었습니다. 이 볏은 암컷보다 수컷이 더 컸다고 해요.
아마 이 볏은 비행기의 꼬리처럼 방향타 역할을 했을 수도 있고, 혹시 다른 동물들에게 인상적으로 보이고 싶은 목적이었는지도 모릅니다. 아니면, 뭔가 말하고 싶을 때 사용했던 걸까요? 과학자들도 확실히 그것의 역할을 알지 못하고 있습니다. 확실한 것은 프테라노돈은 몸길이가 7미터나 될 정도로 거대했고, 몸이 일종의 털 같은 것으로 덮여 있었다는 사실입니다. 그리고 날개를 퍼덕이며, 행글라이더처럼 미끄러지듯이 비행해서 몇 미터를 갈 수 있었습니다. 비행하다 물을 만나게 되면 길고 뾰족한 부리로 온갖 맛있는 물고기들을 잡아먹었겠지요.

나는 물 위를 스치듯 지나갔죠

날개 폭이 1미터 반 크기의 **프테로다우스트로**는 물 위를 스치듯이 날아다녔습니다. 물고기를 잡으려는 것이 아니었죠. 물고기는 너무 커서 먹을 수 없었으니까요. 이 친구들은 긴 부리를 이용해 호수에서 벌레나 새우, 그리고 다른 작은 바다 생물들을 걸러 내 먹었습니다. 이들의 아래턱에는 수백 개의 짧고 빳빳한 털이 있어서 체로 거르는 것처럼 물을 뱉어 내고 먹이를 걸러 낼 수 있었다고 해요.

나는 최초의 새예요

과학자들이 이제까지 발견한 최초의 새 화석은 **아르카이오프테릭스**로, 시조새라고 부릅니다. 아르카이오프테릭스의 몸은 깃털로 덮여 있었고 짧은 거리를 날 수 있었는데, 항상 곤충들을 찾아다녔습니다. 시조새는 두 다리로 섰는데요, 이것은 새와 공룡의 공통점이죠. 그런데 시조새의 몸길이는 50센티미터에 불과했다고 해요.

오비랍토르와 **기간토랍토르**도 새처럼 생기긴 했습니다만, 너무 무거워서 날지는 못했습니다. 위쪽의 파란색 원에 있는 오비랍토르는 몸길이가 1미터 반이고, 머리 위에 볏이 있었으며 날개와 짧은 부리, 깃털이 있었지요. 오렌지색과 분홍색 원에 있는 기간토랍토르도 오비랍토르처럼 날개, 짧은 부리가 있고 몸에 깃털이 나 있었지만, 몸집이 커서 8미터 이상이었고 날개뿐만 아니라 꼬리에도 깃털이 있었습니다.

나는 거북이와 뱀을 합친 것처럼 생겼어요

공룡의 시대에는 거대한 파충류들이 바다와 대양에서 헤엄쳐 다녔습니다. 가장 놀라운 파충류 중 하나는 **플레시오사우루스**입니다. 플레시오사우루스는 거북이와 뱀을 합성한 모습을 닮았는데, 정말로 놀라운 부분은 긴 목이었습니다. 나중에 **엘라스모사우루스**라고 불렸던 가장 큰 친척이 있었는데, 목 길이가 7미터나 되었습니다. 몸 전체 길이가 14미터였으니 목이 전체 몸길이의 반이나 되었던 거지요. 플레시오사우루스는 오늘날 거북이처럼 물속에서 물갈퀴가 있는 발을 날갯짓하듯이 위아래로 힘차게 움직여 '떠다니면서' 작은 물고기들을 찾아다녔습니다. 이 친구는 날카로운 이빨과 마치 새장처럼 물고기를 가둘 수 있는 입을 가지고 있었다고 해요. 하지만 뒤쪽 어금니가 없어서 씹지를 못했습니다. 먹힌 물고기들은 이게 장난인가 했겠지요.

나는 바다 괴물이었어요

어떤 공룡이라도 해안가에서 바다 쪽으로 걸어갈 때면 아주 조심해야만 했습니다. 먹을 수 있는 것은 뭐든지 다 잡아채는, 바다에 사는 거대한 파충류가 있었기 때문이죠. **노토사우루스**가 바로 그랬습니다. 노토사우루스는 땅에서 걷는 만큼 바다에서 수영도 잘했지요. **크로노사우루스**도 역시 능숙하게 육지와 바다를 오갔으며 빠른 속도로 헤엄쳤습니다. 날카로운 이빨이 줄지어 나 있는 크로노사우루스의 악어같이 생긴 입은 거의 3미터 가까이나 되었죠. 턱 힘이 아주 강해서 한번 잡은 먹이는 놓치지 않았을 거라고 해요. 아마 티렉스보다도 더 강했을 겁니다!

나는 돌고래처럼 생겼어요

약 2억만 년 전 대양에는 **이크티오사우루스**라는 거대한 무리가 살고 있었습니다. 이크티오사우루스는 생김새가 돌고래처럼 생겼는데, 앞으로 길게 튀어나온 입에는 날카로운 이빨이 있었습니다. 작은 물고기들을 사냥했고, 눈앞에 코가 있어 물 위로 올라가 숨쉬기 좋았다고 해요. 헤엄치는 파충류 중 가장 큰 것은 15미터나 됐던 **쇼니사우루스**였습니다. 커다란 보트와 맞먹는 크기죠. 이 친구들은 떼를 지어 사냥했다고 해요.

나는 상어보다 훨씬 더 컸어요

오늘날 가장 큰 상어는 백상아리입니다. 백상아리는 큰 입과 날카로운 이빨이 있어서 단 한입에 바다표범의 절반을 물어뜯습니다. 하지만 그것도 상어의 멀고 먼 조상인 **메갈로돈**과 비교하면 아무것도 아니죠. 이 초대형 상어는 몸길이가 18미터나 됐다고 해요! 입을 2미터까지 벌릴 수 있었죠. 어른 몇 명이 완전히 들어갈 크기입니다. 오늘날 가장 크다는 고래들도 먹잇감이 됐을 거예요. 메갈로돈이 두려워하는 동물은 하나도 없었고 이 친구들은 그야말로 바다의 공포 그 자체였습니다. 이렇게 강한 동물이었지만 결국에는 멸종되었는데, 그 이유는 분명하게 알려지지 않습니다.

이 밖에도 공룡 시대 바다 주변과 바다 속에는 거대한 파충류들이 걸어 다니거나 헤엄쳐 다녔습니다. 오늘날의 악어와는 좀 다르게 생긴 파충류들이었지요. 거대 공룡들은 해안가에서 목욕했을 테고 바닷물 속에서는 **리오플레우로돈**이 수영을 즐겼습니다. 이 친구는 네 개의 커다란 물갈퀴로 물을 저으며 다녔는데 머리 크기는 여러분의 몸보다 컸다고 해요.

나는 아주 특별한
공룡이었어요

우리는 돌을 삼켜 위에서 나뭇잎을 갈았어요

여러분도 알고 있다시피, **사우로포다**는 공룡들 중에서도 거대 공룡에 속했습니다. 아주 쉽사리 20미터, 30미터가 되고, 때로는 40미터에 이르기도 했지요. 사우로포다는 긴 목을 가지고 있었던 덕택에 가장 키가 큰 나무의 꼭대기에 있는 잎사귀까지 다가가 먹을 수 있었습니다. 게다가 머리도 작았고 입도 상대적으로 작았었기 때문에 나무나 식물에서 잎사귀들을 완전히 뜯어낼 수 있었지요. 하지만 이 친구들이 씹을 수 없었다는 사실을 알고 있나요? 사우로포다는 어금니가 없었습니다. 그런데 소화를 위해서는 음식물을 잘게 갈아야 했으므로 사우로포다는 다른 방법을 썼죠. 이들은 아마도 돌을 같이 삼켰던 것으로 보입니다. 위장 안에서 돌이 굴러다니며 나뭇잎을 갈아 잎사귀의 영양분을 짜냈던 것이죠. 그러니 만일 여러분이 아주 곱고 매끄러운 돌멩이를 발견하게 된다면, 그 돌은 아주 먼 옛날 공룡의 몸속에 있었을지도 몰라요!

어린 파라사우롤로푸스들

나는 휘파람을 불 수 있었어요

파라사우롤로푸스는 매우 특별한 공룡이었습니다. 7억 5천만 년 전에 현재의 북아메리카 지역에서 살았는데, 키가 10미터까지 컸습니다. 멀리서 봐도 왜 이 공룡이 특별한지를 알아차릴 수 있었을 겁니다. 왜냐하면 파라사우롤로푸스는 머리 위에 길게 튀어나온 일종의 볏이 있었기 때문입니다. 이 볏은 코에서 시작한 속이 빈 관이 머리 뒤의 허공에까지 쭉 뻗어 있는 모습이었습니다. 처음에 과학자들은 파라사우롤로푸스가 물속에서 살았다고 생각했고 그래서 그 볏이 숨 쉬는 데 쓰인 일종의 호흡관 같은 것이라 여겼습니다. 하지만 확실한 사실이 밝혀지지 않았고, 과학자들은 오히려 그 볏이 소리를 만드는 데 쓰이지 않았을까 추측합니다. 모든 종류의 악기들과 비교해 보면, 사실 그 볏은 트럼펫처럼 보이기도 합니다. 그러므로 파라사우롤로푸스가 거의 2미터에 이를 정도로 긴 이 트럼펫으로 소리를 냈다면 그 소리는 꽤 멀리까지 들렸을 것입니다. 이 친구는 그 소리로 아마도 자신이 근처에 있음을 다른 동물들에게 알려 주거나 적이 있음을 경고했을 테지요.

나는 빠르게 달릴 수 있었어요

어떤 공룡들은 오늘날 우리가 알고 있는 동물들과 아주 많이 비슷했습니다. 만일 여러분이 **갈리미무스**를 보게 된다면 깃털 없는 타조를 떠올릴 것입니다. 하지만 이때는 공룡이었지요. 그리고 물론 타조보다 두 배나 컸습니다. 만약 갈리미무스가 여러분의 방 안에 있다면, 머리가 천장을 찔렀을 겁니다. 갈리미무스는 자신을 방어할 날카로운 이빨도, 단단한 발톱도 없었습니다. 그러니 이 친구가 티렉스와 딱 마주쳤다면 살기 위한 방법은 단 한 가지뿐이었습니다. 달아나는 것이죠. 아주 빨리!

나는 오리 부리가 있었지요

사우롤로푸스는 대략 7억만 년 전에 현재의 아시아와 북아메리카에서 살았습니다. 몇몇의 다른 공룡들처럼, 이 사우롤로푸스도 오리 같은 부리를 가지고 있었습니다. 이런 부리가 있었던 덕택에 손쉽게 나무에 달린 잎들을 뜯거나 누군가의 알을 먹을 수 있었지요. 머리 위에 있는 볏 모양의 뼈 길이는 2미터나 될 정도로 거대했습니다. 그러니 이 사우롤로푸스의 키가 얼마나 됐을지 짐작이 되나요? 8미터 5십 센티미터랍니다!

과학자들은 이미 공룡에 대해서 많은 사실을 알아내었습니다. 공룡들이 얼마나 컸었는지, 어떻게 생겼었는지, 그리고 대체로 무엇을 먹었는지를 밝혀냈지요. 하지만 우리가 아직도 모르는 것이 있어요. 바로 공룡이 어떤 색을 띠고 있었는지는 알 수 없었습니다. 이제까지 발견된 공룡들이 남긴 뼈나 다른 유물로는 피부 색깔까지 알아낼 수는 없었으니까요. 다만 공룡이 아마 주변과 비슷한 색깔을 띠고 있었을 것으로 추측해 볼 수는 있습니다. 그래야 주변의 시선을 끌지 않았을 테니까요. 그렇기는 하지만 의외로 공룡들이 보라색이나 오렌지색, 아니면 분홍색을 띠고 있었을 수도 있습니다. 물론 줄무늬나 점박이 무늬가 있었을 수도 있지요.

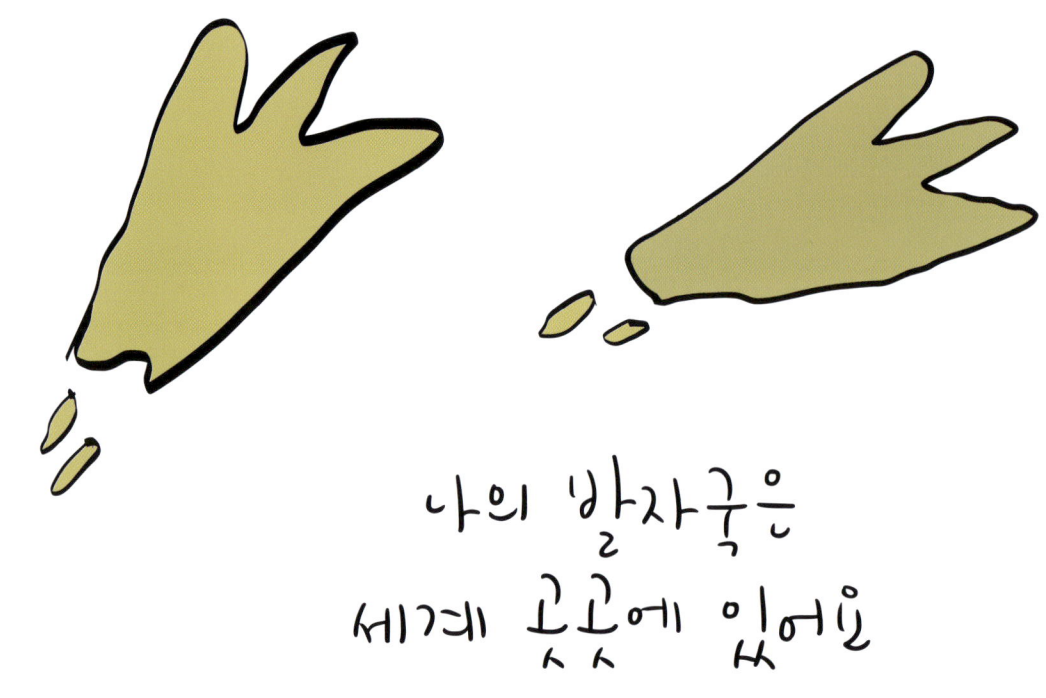

나의 발자국은 세계 곳곳에 있어요

공룡은 전 세계에 자신의 흔적을 남겼습니다. 공룡의 발자국은 아직도 딱딱한 진흙에 남아 있고 머리나 다리 뼈, 뼈대와 뼈 조각들도 두꺼운 지층● 아래에 보존되어 있습니다.

그런데 공룡의 흔적과 관련해서 특별한 점은 여러분이 세계 어디를 가더라도 그들의 흔적을 찾을 수 있다는 사실입니다. 전 세계, 어느 나라에서든지 말이죠. 공룡들은 지구상 어디에서든지 걷고, 달리고, 흔적을 남겼습니다. 물론 지금 여러분이 살고 있는 곳에도 말이지요. 그 점이 바로 지구의 예전 땅의 모습이 지금과 달랐을 것이라고 생각하는 이유입니다. 현재 지구의 대륙은 대양으로 분리되어 있습니다. 그래서 예를 들면, 호랑이는 유럽에서 살지 않지만 아시아에서는 살고 있습니다. 하지만 예전에는, 아주 오래전에는 지구의 모든 대륙은 함께 붙어 있었습니다. 그때의 육지를 **판게아**라고 부르지요. 이 판게아에 살았던 공룡들은 정말로 지구 어느 곳이나 마음대로 갈 수 있었을 겁니다.

● 자갈·모래·진흙·화산재 등이 해저·강바닥 또는 지표면에 퇴적하여 층을 이루고 있는 것.

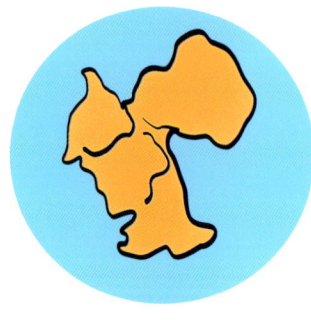

판게아

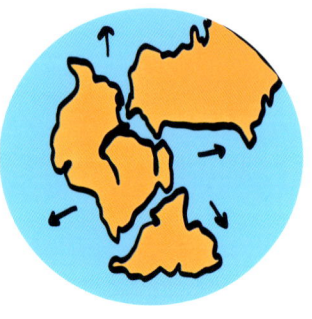

점점 갈라지는 대륙

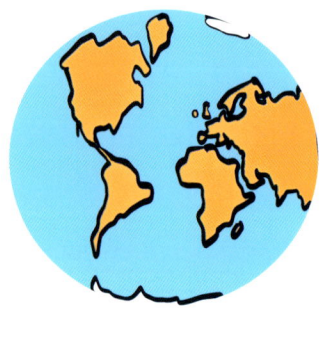

오늘날 대륙의 모습

나의 뼈로 수수께끼를 풀 수 있어요

어떤 공룡의 뼈대는 위 사진처럼 거의 완전하게 발견되기도 합니다. 하지만 대부분은 뼛조각 한 개나 머리뼈나 다리뼈 등 일부만이 발견되지요. 예를 들자면, 어떤 공룡은 단지 허벅지 뼈나, 아니면 목뼈와 턱뼈 정도만 발견되기도 합니다. 그럴 경우 그 뼈 몇 개만 가지고 공룡 전체를 만들어 내는 것은 거의 수수께끼를 풀이하는 것과 마찬가지 작업이 됩니다. 하지만 다행스럽게도 요즈음은 컴퓨터가 아주 큰 도움을 주지요. 이제까지 수천 개의 공룡 뼛조각이 발견되었고 또 가끔은 완전한 전체 골격•을 갖춘 뼈대가 발견되어서 우리는 공룡이 어떻게 생겼으며 어떤 방식으로 살았는지를 알아낼 수 있습니다.

• 동물의 체형을 이루고 몸을 지탱하는 뼈.

나의 알은 아직도 발견되고 있어요

여러분들도 이미 알고 있다시피 공룡들은 알에서 태어납니다. 그런데 그 공룡의 알이 그렇게 크지 않다는 사실을 알고 있나요? 어떤 시기에 오리나 혹은 타조의 알보다 큰 적도 있었지만, 그래도 멜론보다 크지는 않았습니다. 공룡은 대부분 둥지에 알을 낳습니다. 알 중에 몇 개는 부화˙했지만, 어떤 것들은 알을 깨고 나오지 못했습니다. 그 상태의 알들이 지금도 발견되고 있습니다. 공룡은 그렇게 아주 대담하게도 아무 무기 없이 알몸으로 세상에 나와서 나중에 갑옷과 방패, 그리고 칼날이 될 뼈를 자라게 했어요.

˙동물의 알 속에서 새끼가 껍데기를 깨고 밖으로 나옴.

나의 화석은 시간을 거슬러 가게 하지요

때때로 이미 멸종된 동물의 화석이 아주 완벽한 모습으로 발견되기도 합니다. 시조새인 **아르카이오프테릭스**도 그러한 경우의 하나였지요. 이 시조새는 날개와 깃털이 있었고 공룡 시대에 살았습니다. 아르카이오프테릭스의 화석 형상과 자태를 보면 이 동물이 어떻게 생겼었는지, 그리고 날개를 어떻게 사용했는지를 아주 잘 알 수 있습니다. 이렇게 멸종된 동물의 흔적을 잘 알려 주는 화석은 아주 드물지요.

1990년 수잔 핸드릭슨은 미국 중서부에 있는 사우스다고타 근처의 시골길을 트럭을 타고 가고 있었습니다. 그러던 중에 타이어에 펑크가 났습니다. 차에서 내린 수잔은 벼랑 끝에서 삐죽 솟아 나와 있는 두 개의 커다란 뼈를 발견했습니다. 그 뼈는 나중에 **티라노사우루스**의 척추뼈로 밝혀졌고, 발견한 사람의 이름을 따서 **수**라는 이름을 갖게 되었지요. 그 근처에서는 또 다른 완전한 공룡의 뼈대가 발견되었습니다. 이런 발견은 아주 드문 경우입니다. 이 뼈들은 몇 개의 복제본이 만들어졌는데, 그때 발견한 진짜 뼈대는 시카고에 전시되어 있습니다.

나는 공룡 다음에 살았어요

나는 코끼리의 할아버지의 할아버지예요

공룡은 수백만 년 동안 지구에서 살았지만 어느 순간 멸종되었습니다. 그 뒤 기후가 변화하면서 날씨가 점점 더 추워지는 사이에 다른 동물들은 새로운 환경에 적응해 나갔습니다. 그런 동물 중 하나가 털북숭이 **매머드**였습니다. 매머드는 코끼리의 먼 조상입니다. 매머드는 코끼리와 몸집이 비슷했는데, 아주 단단한 몸통과 긴 엄니를 갖고 있었습니다. 매머드의 엄니는 오늘날 우리가 보는 코끼리의 엄니보다 훨씬 더 컸습니다. 길이가 거의 3미터나 되는데다 살아 있는 동안 계속해서 자라났습니다. 매머드의 등에는 두꺼운 지방층이 있었는데, 이 지방층은 몹시 추운 시기에 식량 저장고 구실을 했습니다. 아마도 빙하 시대•에는 이 혹 덕택에 버틸 수 있었을지도 모릅니다. 식량은 거의 없었고 날씨도 너무 추웠기 때문에 매머드는 두 겹의 털가죽으로 자신을 보호해야만 했습니다. 매머드는 긴 털로 뒤덮인 바깥쪽 털 아래에 짧은 털들로 이루어진 두꺼운 털가죽 층이 있어 아주 매서운 추위도 견딜 수 있었습니다.

• 지질 시대 중에서, 빙하가 발달하여 전 세계의 육지를 넓게 덮었던 시대.

나는 1만 5천 년 전에 그려졌어요

공룡의 시대가 지나고 매머드의 시대도 지나고 나서, 약 30만 년 전에 최초의 인류가 지구에 살게 되었습니다. 당시의 인간은 힘이 세지도 빨리 달리지도 못했지만, 대신 머리가 좋았습니다. 인간은 불과 창을 사용해 싸움을 할 수 있었습니다. 그렇게 도구인 창을 사용해서 식량이 될 만한 커다란 동물을 손쉽게 사냥할 수 있었으므로 먹이를 구하고 남은 시간에 다른 재미있는 활동을 할 수 있었습니다. 예를 들면, **동굴 벽화**를 그리는 일 같은 활동 말입니다. 이 시대 그려진 동굴 벽화는 거의 전 세계에 걸쳐서 발견되고 있는데, 대부분의 벽화에는 그 당시에 살았던 동물들이 나타납니다. 아래 사진의 벽화는 프랑스에 있는 라스코 동굴에 그려진 유명한 벽화입니다. 이 동굴의 벽과 천장에는 들소를 비롯해 사슴, 코뿔소, 염소, 말, 순록 등이 그려져 있습니다.

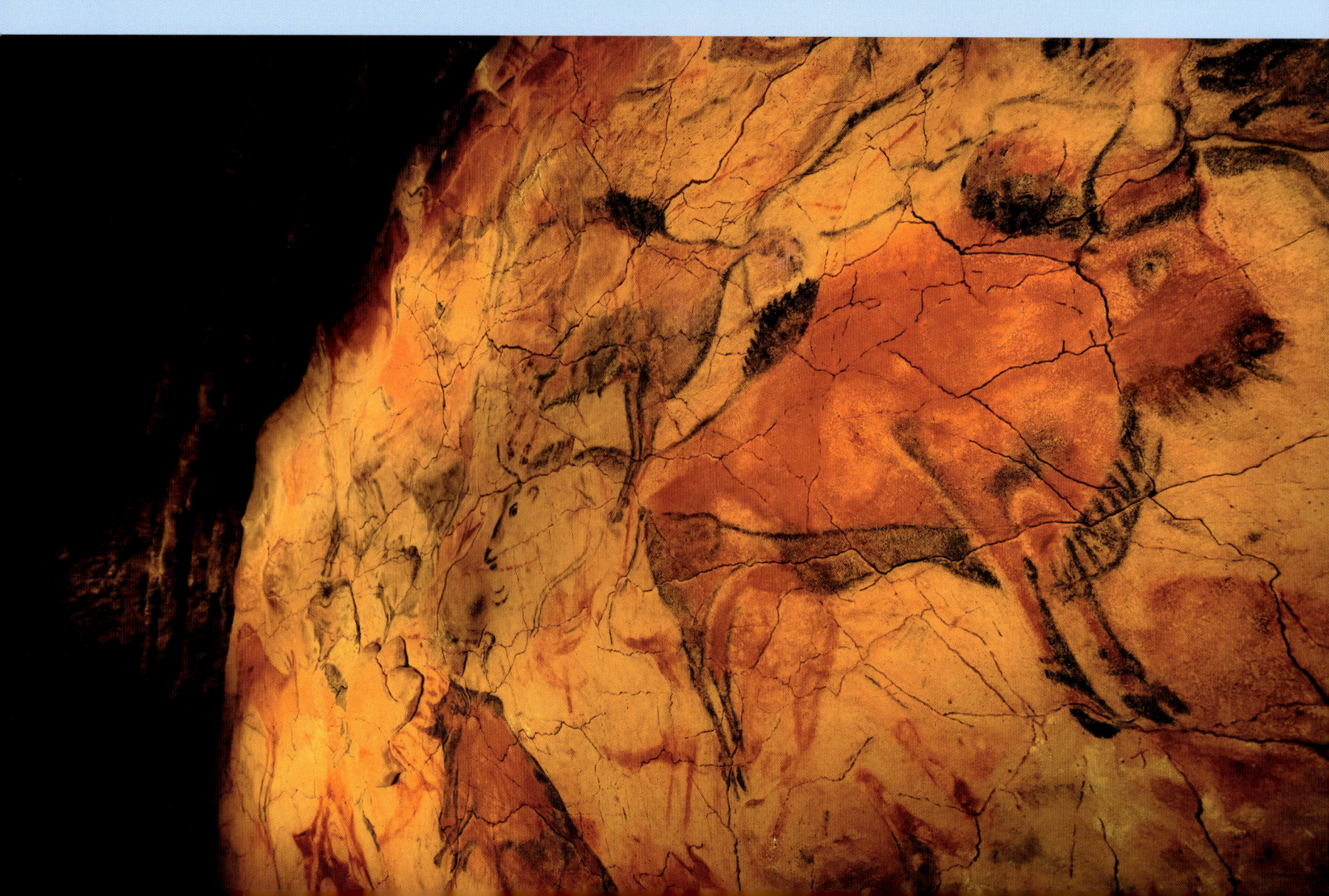

나는 백 년 전에 살았어요

태즈메이니아호랑이는 늑대의 머리에 호랑이 줄무늬가 있는 기이한 동물로, '태즈메이니아늑대'라고도 불립니다. 이 친구는 자신의 새끼를 추운 날씨로부터 보호하기 위해서 마치 캥거루처럼 배에 있는 주머니에서 키웠습니다. 이 태즈메이니아호랑이는 한때 오스트레일리아의 포식자였지만, 딩고•가 출현하고 나서 사정이 바뀌었지요. 약 80년 전에 멸종하고 말았습니다.

• 개와 매우 비슷하며 들이나 숲에서 여러 마리가 모여 살고 양, 캥거루 등을 잡아먹어요. 오스트레일리아에 살아요.

나는 3백 년 전에 살았어요

스텔러바다소는 좀 슬픈 이야기의 주인공입니다. 이 동물은 1750년경 유럽 사람들에 의해 발견되었는데, 몇십 년 사이에 고기를 얻으려고 너무 많이 잡는 바람에 지금은 한 마리도 남지 않게 되었습니다. 몸길이가 10미터 가까이 되었던 스텔러바다소는 고래 이후로 가장 큰 바다 동물이었습니다.

도도새는 뚱뚱하고 커다랗고 날지 못하는 새였습니다. 도도새는 인도양에 있는 모리셔스 섬에 살았는데, 아무 방해 받지 않고 어디나 걸어 다녔지요. 하지만 사람들이 섬에 들어오면서 문제가 생겼습니다. 그들은 이 새의 고기가 맛있다는 사실을 알게 되었고, 너무 잡아먹는 바람에 멸종되고 말았습니다. 또, 2백 년 전에는 몸 빛깔은 밤색인데 머리와 목, 몸 앞부분에 얼룩 무늬가 있는 말 무리가 아프리카를 뛰어다녔습니다. **콰가**라고 불린 얼룩말이었지요. 그리고 조금 더 오래전에는 특별한 고양이과 동물이 유럽과 아메리카 이곳저곳에 살고 있었습니다. **스밀로돈** 또는 검치호랑이라고 불리는 동물인데, 이 친구들은 거대하게 구부러진 윗니로 눈에 띄는 먹이는 모두 갈가리 찢어 버려 잡아먹을 수 있을 정도로 강했답니다. 하지만 이 동물들은 이제 지구에 존재하지 않습니다. 박물관에 가야 볼 수 있을 뿐이지요.

나는 살아있는 화석이에요

앵무조개는 이미 수억만 년 전에도 있었습니다. 현재에도 몇몇 종들이 큰 바다에서 헤엄쳐 다니고 있지요. 앵무조개는 그 오랜 세월 동안 거의 변한 것이 없습니다. 그래서 이 친구들을 살아있는 화석이라고 부르기도 하지요.

앵무조개는 조개 안에서 살고 있는 오징어라고 생각하면 됩니다. 조개 껍데기는 보호 장치 구실을 하는데, 추가 안전을 위해서 머리 위에 있는 모자를 닫기까지 할 수 있습니다. 또한, 앵무조개는 특별한 수영 기술을 가지고 있기도 합니다. 만일 촉수를 가진 동물이나 다른 물고기들이 다가오면, 물을 갑자기 아주 세게 뿜어내는 방법으로 다른 방향으로 나아갈 수 있습니다. 그 방법이 오래 살아남는 데 수백만 년 동안 효력이 있었던 것 같아요!

나도 살아있는 화석이에요

실러캔스는 2미터까지 자랄 수 있습니다. 실러캔스는 공룡의 시대에도 살고 있었는데, 과학자들은 이 친구들이 이미 멸종되었다고 생각했었습니다. 하지만 남아프리카 해안에서 잡혀 아직 이 종이 생존하고 있다는 것이 알려지게 되었습니다. 이 물고기 자체는 6십 살 정도까지 살 수 있지만, 이 물고기 종은 이 지구상에서 훨씬 더 오래 살고 있는 겁니다.

나는 살아있는 화석은 아니에요

인도네시아 남부 섬 코모도와 그 주변 섬에 살고 있는 **코모도 드래곤**은 길이가 3미터 이상인데다 공룡과 아주 비슷하게 생겼습니다. 이 친구는 공룡의 후손은 아니지만, 그 시대에도 이미 살고 있기는 했지요. 악어도 같은 경우입니다. 물론 악어는 공룡이 출현하기 이전에도 있었지요. **도마뱀**과 **악어**를 살펴보면 둘 다 다리들이 살짝 몸의 양옆으로 달려 있습니다. 공룡들은 전부 다리가 몸통 아래쪽에 달려 있지요. 바로 그 이유 때문에 공룡들은 두 다리로 걸을 수 있었을 겁니다!

공룡이 살았던 시기는 확실히 자연 환경이 지금과 다르게 보였을 것입니다. 날씨도 좋고 기온도 온화해서 식물들도 아주 빨리 자랐을 거예요. 그 시기에 있었던 많은 종의 식물은 이제 더는 지구에 살지 않습니다. 하지만 **나무고사리**는 아직도 살고 있습니다. 뉴질랜드의 아열대 삼림에서는 여전히 나무고사리들을 발견할 수 있습니다.

오늘날의 공룡들

오늘날, 우리가 살고 있는 시대의 숲에서는 나무들 사이에서 공룡을 볼 수는 없습니다. 하지만 공룡의 후손 정도로 여겨지는 동물들은 있습니다. 어떤 동물들인지 여러분은 아시나요? **바로 새들입니다!**

옆쪽의 사진에 있는 **슈빌**은 넓적부리황새라고 불리는데, 선사 시대에 살았던 동물과 비슷한 외모를 가지고 있습니다. 아마 아래쪽 그림에 있는 **타조와 화식조**•에게도 같은 말을 할 수 있겠지요. 이 새들은 조금은 공룡처럼 보일 수도 있지만, 다른 새들의 모습에서는 공룡의 후손이라는 것을 예상하기는 어렵습니다. 그렇지만 조류는 공룡의 일가임이 밝혀졌습니다. 그러니 만일 여러분이 맛있는 닭다리를 먹으려고 입으로 가져갈 때면, 여러분의 손아귀에 잡혀 있는 것은 다름 아닌 커다란 티렉스의 손자의, 손자의, 손자의 허벅지라는 사실을 기억하세요!

• 키는 1.5미터 정도이며, 깃털은 검은색이고 목 뒤에는 붉은색의 맨살이 드러나 있어요. 발가락은 셋이고 발톱이 길며 날개는 퇴화하여 날지는 못하고 헤엄치기와 걷기를 잘해요.

찾아보기

가르고일레오사우루스 • 31
갈리미무스 • 49
기가노토사우루스 • 25, 28
기간토랍토르 • 37
나무고사리 • 63
노토사우루스 • 42
다코타랍토르 • 24
던클리오스테우스 • 13
도도새 • 61
도롱뇽 • 12~13, 19
도리아스피스 • 12
돌고래 • 43

디메트로돈 • 10
디풀로카울루스 • 13
디플로도쿠스 • 18~19
딩고 • 61
리오플레우로돈 • 43
마준가사우루스 • 25
매머드 • 58, 60
메갈로돈 • 43
백상아리 • 43
사우로포다 • 16, 46
사우롤로푸스 • 49
삼엽충 • 13

쇼니사우루스 • 43
수 • 55
수퍼사우루스 • 16
슈빌 • 65
스밀로돈 • 61
스테고사우루스 • 30
스텔러바다소 • 61
스피노사우루스 • 22
시조새 • 37, 55
실러캔스 • 63
아르카이오프테릭스 • 37, 55
안킬로사우루스 • 31

암모나이트 • 12
앵무조개 • 62
엘라스모사우루스 • 40
오비랍토르 • 37
오징어 • 12, 62
이크티오사우루스 • 43
전갈 • 13
케찰코아툴루스 • 34
코모도드래곤 • 63
코끼리 • 16, 31, 58
콤프소그나투스 • 19
콰가 • 61

크로노사우루스 • 42
타조 • 49, 55, 65
태즈메이니아호랑이 • 61
토로사우루스 • 28
트로오돈 • 25
트리세라톱스 • 28
티라노사우루스 • 22, 31, 55
티렉스 • 22, 24~25, 28, 65
파라사우롤로푸스 • 48
파키케팔로사우루스 • 31
판게아 • 52

프테라노돈 • 36
프테로다우스트로 • 37
플레시오사우루스 • 40
호랑이 • 22, 52, 61
화석 • 7, 18, 25, 37, 55, 62~63
화식조 • 65